26 Mai 1897.

V

VENTE

Du Mercredi 26 Mai 1897

HOTEL DROUOT, SALLE N° 6

A deux heures

TRÈS BELLES

DÉCORATIONS DE SALONS

DE

JEAN RAOUX et de P.-V. GALLAND

TABLEAUX

Magnifique Orfèvrerie de Table

Surtout et Candélabres

PROVENANT DU PALAIS DES TUILERIES

OBJETS D'ART

ET

D'AMEUBLEMENT

GOTHIQUE, RENAISSANCE ET DIX-HUITIÈME SIÈCLE

Mᵉ G. DUCHESNE
Commissaire-Priseur
6, Rue de Hanovre, 6

M. A. BLOCHE
Expert
28, Rue de Châteaudun, 28

EXPOSITION PUBLIQUE

Le Mardi 25 Mai 1897

DE 2 HEURES A 6 HEURES

IMPRIMERIE ARTISTIQUE

E. MÉNARD & Cie

Bureaux et Ateliers : Paris — 8, Rue Milton

CATALOGUE

DE

BELLES DÉCORATIONS DE SALONS

4 panneaux, sujets mythologiques

par Jean RAOUX

11 panneaux et 2 dessus de portes : les Saisons, Nymphes et Amours

PAR **P.-V. GALLAND**

TABLEAUX, PASTELS, GRAVURES

MAGNIFIQUES SURTOUTS DE TABLE ET CANDÉLABRES

en argent et argentés, ancien service de Napoléon III

provenant

du PALAIS des TUILERIES

BEAUX MEUBLES

Gothique, Renaissance et Dix-Huitième Siècle

BRONZES, SCULPTURES, PORCELAINES, FAIENCES ANCIENNES
EMAUX DE LIMOGES, MINIATURES, BOITES, BIJOUX
TAPIS DE PERSE, TENTURES

DONT LA VENTE AURA LIEU

HOTEL DROUOT, SALLE N° 6

Le Mercredi 26 Mai 1897

A 2 HEURES

Mᵉ G. DUCHESNE	**M. A. BLOCHE**
Commissaire-Priseur	*Expert près la Cour d'appel*
6, Rue de Hanovre	28, Rue de Châteaudun, 28

Chez lesquels on trouve le présent Catalogue

EXPOSITION PUBLIQUE

Le Mardi 25 Mai 1897

DE 2 HEURES A 6 HEURES

CONDITIONS DE LA VENTE

Elle se fera au comptant.

Les acquéreurs paieront CINQ POUR CENT en sus des enchères.

L'exposition mettant le public à même de se rendre compte de l'état des objets, il ne sera admis aucune réclamation une fois l'adjudication prononcée.

Paris. — Imp. E. Ménard & Cie, 8, rue Milton

DÉSIGNATION

Décorations de salons

RAOUX (Jean)

(Né en 1677, mort en 1734)

1 — Importante décoration de salon composée de quatre panneaux à sujets mythologiques, avec encadrements en peinture offrant des médaillons à sujets allégoriques, des figures d'amours et des guirlandes de laurier.

Le premier représente *Orphée cherchant Eurydice aux Enfers*. Charmante composition de neuf figures.

Haut. 4m05 ; larg. 3m15.

Le deuxième représente *la Toilette de Diane*. Gracieuse composition de six figures.

Haut. 4m15 ; larg. 3m15

Le troisième représente une *Nymphe de Diane blessée*. Composition de deux figures.

Haut. 3^m50 ; larg. 1^m86.

Le quatrième représente *Danaë ou la pluie d'or*, composition de deux figures.

Ce panneau n'a pas d'encadrement de peinture.

GALLAND (P.-V.)

2 — Très belle décoration de salon comprenant onze panneaux et deux dessus de portes, représentant sur fond vermiculé d'or de gracieuses compositions allégoriques aux Saisons et aux Arts, nymphes et amours, encadrées de feuillages, avec médaillons à jeux d'enfants au-dessous, et des vases décoratifs.

Haut. 2^m35 ; largeur moyenne 1^m20.

WIT (Attribué à JACQUES DE)

3 — Décoration composée de vingt petits panneaux : *Scènes d'Enfants*.

Peinture en grisaille.

BOUCHER (Attribué à)

4 — *Allégorie à la Gloire*.

Plafond.

Tableaux

BLUM (MAURICE)

5 — *Sous la Treille.*

CASTELLI VALERIO (Attribué à)

6 — *Josué combattant les Amorrhéens dans la vallée de Beth-Horon.*

BREUGHEL D'ENFER (Attribué à

7 — *Siège de la Rochelle.*

DE DREUX (Attribué à A.)

8 — *Arabe faisant boire son cheval.*

DORFFMEISTER

9 — *La Mise au tombeau.*

Cadre ancien en bois sculpté et doré.

DESGOFFE

10 — *Pot de fleurs et selle brodée.*

FICHEL (JEANNE)

11 — *La Tentation.*

GREUZE (Genre de)

12 — *La Rosière.*

JOUFFROY (P.)

13 — *Portrait de dame tenant une fleur.*

LANCRET (Genre de)

14 — *Pastorale.*
Dessus de porte.

CHEVALIER LELY (École du

15 — *Portrait de femme en péplum blanc.*

MONTICELLI (Attribué à .

16 — *Tête de femme.*

NÈGRE

17 — *Fantaisie.*

PORIN (ÉMILE)

18 — *Femme nue.*

RIGAUD (École de)

19 — *Portrait de gentilhomme du temps de Louis XIV.*

STEVENS (Attribué à)

20 — *Portrait de femme.*

DE SPECHT (Émile)

21 — *Les Fiançailles.*

TOCQUÉ (Attribué à)

22 — *Portrait de petite fille tenant un bouquet de fleurs.*

STEEN (Attribué à Jean)

23 — *La danse villageoise.*

Cadre en bois sculpté et doré.

VENTENAT (G.)

24 — *Marine.*

25 — *En Provence.*

Copie d'un tableau de Gagliardini.

26 — *Marine.*

Copié d'un tableau de Zuber.

ÉCOLE DU XVIe SIÈCLE

27 — *La Vierge et l'enfant.*

Peinture sur bois.

ÉCOLE ANCIENNE

28 — *Les présents d'Abraham.*

ÉCOLE FRANÇAISE

29 — *Le Verrou.*

Jolie petite gouache.

ÉCOLE FRANÇAISE

30 — *Scène allégorique.*

Dessus de porte.

ÉCOLE FRANÇAISE

31 — *Portrait de jeune femme.*

Cadre en bois sculté et doré. XVIIIe siècle.

ÉCOLE FRANÇAISE

32 — *Deux portraits de femmes XVIIIe siècle.*

Cadres en bois sculpté et doré.

ÉCOLE FRANÇAISE

33 — *Portrait de Marie-Thérèse.*

ÉCOLE FRANÇAISE

34 — *Portrait de femme Louis XVI.*

Pastel.

ÉCOLE FRANÇAISE

35 — *Portrait de femme Louis XV.*

Pastel.

ÉCOLE ITALIENNE

36 — — *Sainte-Élisabeth de Hongrie.*

Cadre en bois sculpté et doré, XVIIe siècle.

ÉCOLE ITALIENNE

37 — *La dispute de la rose.*

Gravure par Jh. Eymar d'après Boilly.

ÉCOLE ITALIENNE

38 — *La rose prise.*

Deux gravures encadrées par Cazenave d'après Boilly.

ÉCOLE ITACIENNE

39 — *The Honorable Miss Bingham.*

Jolie gravure en couleur encadrée d'après Reynolds.

ÉCOLE ITALIENNE

40 — *Portrait de jeune femme.*

Pastel époque Louis XVI.

Orfèvrerie

41 — Très belle et grande coupe de surtout en argent finement ciselé à décor style Louis XVI se détachant sur un arbre autour duquel se déroule toute une chasse au cerf. Debout se tiennent un sonneur de cor et un piqueur, une meute de chiens est lancée à la poursuite du cerf. Le sujet comme les ornements se détachent en ronde bosse.

42 — Magnifique surtout de table finement ciselé et argenté composé :

1° D'une grande pièce de milieu, coupe au centre et groupes de nymphes dansant autour de dieux pan jouant de la flûte antique ou sonnant dans une corne. Terrassement monumental à jour orné de guirlandes de laurier, d'écussons et d'oiseaux.

2° Deux candélabres à seize lumières portés par des groupes de nymphes.

3° Quatre girandoles à six lumières sur trépieds à cariatides ornées de guirlandes et de mascarons.

4° Douze coupes décorées de feuilles d'acanthe et de grappes de raisin.

Cet important surtout, travail de Christofle, fut exécuté autrefois pour Napoléon III. Provient du palais des Tuileries.

43 — Très belle pièce de milieu de table à quatre branches de lumières en argent ciselé représentant un groupe de palmiers avec un cerf se tenant au bas sur des rochers.

44 — Deux coupes en argent ciselé décor à cariatides de béliers écussons et guirlandes de lauriers. Style Louis XVI.

45 — Deux belles girandoles de style Louis XV en argent ciselé, décor à rocailles fleuronnées. Travail de la maison BOUDET.

Sculptures, Bronzes
Objets d'art

46 — Grand buste en marbre : *La Reine Marie-Antoinette.*

47 — Buste en marbre : *la Pensive.*

48 — Paire de beaux candélabres formés de vases en brèche violette montés sur trois cariatides de béliers reliées par des guirlandes de fruits et de

fleurs, bouquets à six lumières, élégants rinceaux se terminant en tête de coqs et en cornes d'abondance, la tige centrale agrémentée d'un serpent enroulé, tout en bronze finement ciselé et doré. Style Louis XVI.

49 — Paire d'appliques à trois lumières en bronze doré, rinceaux attachés à une draperie. Style Louis XVI.

50 — Jolie statuette en marbre : *la Paysane coquette* de Paivard.

51 — Paire de grands bras d'appliques en bronze à dix lumières. Style flamand.

52 — Statuette en bronze : *Amour assis* d'après Pigalle, socle en marbre brèche rosé.

53 — Coupe en bronze partie doré : *Nymphe et Satyre*, d'après Clodion.

54 — Paire de chenêts Louis XVI à figures de petits faunes.

55 — Paire de candélabres Louis XVI à trois lumières en bronze ciselé et doré à figure de femmes, d'après Clodion, socle en marbre rouge griotte.

56 — Statuette d'*Iris* en bronze, socle en marbre.

57 — Statuette de *Mercure* en bronze, socle en marbre.

58 — Groupe en bronze de BOIZOT : *Borée enlevant la nymphe Orythié*, socle en bronze ciselé et doré.

59 — Groupe en bronze de BOIZOT : *Pluton enlevant Proserpine*, socle en bronze doré.

60 — Petit buste en bronze : *Nymphe*, de FALCONNET.

61 — Paire de girandoles Louis XVI à trois lumières en bronze ciselé et doré.

62 — Groupe en biscuit Louis XVI.

63 — Deux vases en bronze, décor à cannelures guirlandes et rosaces anses à têtes de béliers. Style Louis XVI.

64 — Belle vasque lobée sur socle à trois pieds à griffes en terre de Vallauris fond bleu.

65 — Paire de vases en bronze vert offrant au pourtour une bacchanale d'enfants, sur les couvercles un petit bacchus couché.

66 — Paire de beaux candélabres formés par des vases en marbre blanc avec montures et bouquets de fleurs à six lumières en bronze ciselé et doré. Style Louis XVI.

67 — Vase en bronze doré, socle en marbre blanc et noir. Époque Ier Empire.

68 — Pendule en biscuit décoré, statuette de Nymphe drapée, accoudée sur une colonne.

69 — Quatre bas-reliefs figures de personnages sculptées sur ivoire, montés dans deux cadres, XVIIIe siècle.

70 — Cloche en cuivre repercé et poli. XVe siècle.

71 — Plat d'étain armorié.

72 — Cheminée en bois sculpté. XVIIe siècle.

73 — Pendule avec socle d'applique Louis XIV, en marqueterie de cuivre sur fond d'écaille, garnie de bronzes, avec figure de Renommée comme couronnement.

74 — Très beau Christ en bois sculpté monté dans un cadre en bois très curieusement travaillé, offrant des motifs d'attributs symboliques. XVIIIe siècle.

75 — Deux remarquables cires, têtes de la Vierge et du Christ en haut relief, attribuées au XVIe siècle.

76 — Très beau service de table en cristal de Bohême gravé, composé de vingt-trois verres à eau, vingt-quatre coupes à champagne, vingt-quatre verres à vin blanc, trois carafes à eau et trois carafes à vin.

77 — Grand plat en ancienne porcelaine de Frankenthal, décor polychrome à bouquets et jetés de fleurs, bordure gauffrée à vannerie.

78 — Grand cornet en porcelaine de Chine, décor bleu sur blanc.

79 — Cuvette en ancienne faïence de Rouen, décor polychrome.

80 — Vase en ancienne porcelaine de Chantilly, pâte tendre, décor à guirlandes de fleurs en relief.

81 — Statuette formant flambeau en ancienne porcelaine d'Allemagne.

82 — Cruche en ancien grès de Nassau, décor à cavaliers et armoiries.

83 — Tasse droite et sa soucoupe en ancienne porcelaine de Sèvres, pâte dure, décor à fond d'or et à réserve de bouquets de fleurs et papillons.

84 — Deux petits plats ronds en ancienne porcelaine de Chine, décor polychrome à branchages fleuris.

85 — Cuvette en ancienne porcelaine de Chine de la famille verte, décor à oiseaux et branchages.

86 — Deux plats ovales en ancienne faïence de Moustiers, décor d'après BÉRAIN.

87 — Deux bannettes en ancienne faïence de Moustiers, même décor.

88 — Plat en faïence de Nevers, décor à personnages.

89 — Plat en ancienne faïence italienne, décor à personnages.

90 — Deux grands plats ronds, deux petits plats ronds, deux grands plats ovales, deux petits plats ovales et deux corbeilles à bords ajourés, décor à guirlandes de fleurs et armoiries en ancienne porcelaine de l'Inde.

9[illegible] Plat en porcelaine de Chine à bords gaufrés fond blanc, décor à branchages fleuris.

92 — Jolie miniature ronde sur ivoire : portrait de jeune femme décolletée et coiffée d'un chapeau de paille.

93 — Trois statuettes d'enfants en ancienne porcelaine de Saxe.

94 — Bonbonnière en écaille, couvercle orné d'une miniature sur ivoire : portrait de jeune femme. Époque Louis XVI.

95 — Jolie bonbonnière en ivoire finement sculpté, représentant sur l'une des faces un jeune homme agenouillé auprès d'une bergère, sur l'autre, deux amours jouant. Époque Louis XV.

96 — Plaque en émail de Limoges, représentant Saint-Luc.

97 — Deux bustes en ancien biscuit de Sèvres, Henri IV et Sully, socles en porcelaine de Sèvres gros bleu et filets dorés.

98 — Bague marquise en or avec miniature sur ivoire : portrait de jeune fille. Époque Louis XVI.

99 — Paire de boucles en argent ornées de strass. Époque Louis XVI.

100 — Statuette de Figaro en vieux biscuit de Sèvres.

101 — Boîte en émail de Saxe fond jaune et à réserves de fleurs, couvercle offrant une scène à six personnages.

102 — Petit encrier en bronze parties dorées, couvercle orné d'une chèvre couchée. Époque Ier Empire.

103 — Miniature : portrait de jeune fille en robe blanche. École anglaise.

104 — Écuelle Louis XV et son plateau, en étain ciselé et gravé, décor à rocailles fleuronnées.

105 — Deux tasses et trois soucoupes en porcelaine de Sèvres, pâte tendre, à bande gros bleu rehaussée d'or placée entre deux bandes à ornements de fleurs.

Meubles

106 — Beau meuble de salon en bois finement sculpté et doré, couvert en tapisserie d'Aubusson, décor à bouquets et guirlandes de fleurs, composé d'un grand et petit canapé, deux fauteuils et deux chaises. Style Louis XVI.

107 — Crédence en noyer sculpté de style Renaissance offrant sur les panneaux des portes des bas-reliefs en bronze : Apollon accordant sa lyre et Diane chasseresse. Ornée de cariatides en bronze supportant des colonnettes, couronnée par un groupe : Vénus et la colombe.

108 — Joli meuble à hauteur d'appui sur bois d'acajou finement sculpté, reliefs relevés à la poudre d'or, avec panneau offrant en peinture « le Serment d'amour » d'après Fragonard. Les côtés forment vitrine. Dessin sur marbre vert. Style Louis XVI.

109 — Table bureau en noyer sculpté, décor à rinceaux et palmettes, poignées sur les deux faces en bronze ciselé et doré couvert en peau de san-

glier avec large vignette dorée au fer. Style Louis XIV.

110 — Deux encoignures s'ouvrant à deux portes, en palissandre et bois de rose, richement ornées de bronzes ciselés et dorés, décor à rocailles et mascarons, dessus en marbre rouge royal. Époque Louis XV. Signées J.-M. CHEVALLIER.

111 — Table à écrire en palissandre, satiné avec moulures, chutes et ceinture en bronze ciselé et doré, dessus en cuir. Style Louis XV.

112 — Ameublement de salon en bois sculpté et doré, couvert en brocatelle rouge et jaune, composé d'un canapé, quatre fauteuils et quatre chaises. Style Louis XIV.

113 — Bureau cylindre en acajou avec filets de cuivre, dessus en marbre blanc avec galerie en cuivre ajouré. Époque Louis XVI.

114 — Meuble chiffonnier en acajou avec cannelures et filets de cuivre, dessus en marbre avec galerie en cuivre ajouré. Époque Louis XVI.

115 — Petite table à écrire en acajou avec filets de cuivre. Époque Louis XVI.

116 — Quatre jolies petites glaces avec cadres à grandes rocailles en bois finement sculpté et doré. Époque Louis XV.

117 — Table de nuit en bois de rose et palissandre, dessus en marbre avec galeries de cuivre ajouré et garnie de bronze. Style Louis XVI.

118 — Fauteuil en bois sculpté laqué noir et or, recouvert en broderie ancienne. Style Louis XVI.

119 — Petite glace avec cadre en bois sculpté, laqué blanc et or. Époque Louis XVI.

120 — Petite table à ouvrage en bois de rose et palissandre. Style Louis XVI.

121 — Grande et belle table en chêne sculpté parties dorées de style Louis XIII, pieds à balustres et feuilles d'acanthes bordure à rinceaux feuillagés.

122 — Banquette dos à dos à quatre places en bois doré recouverte en soie crème brochée à fleurs.

123 — Grand et beau lit gothique en bois sculpté offrant tout autour, devant et au fond des panneaux à ogives.

124 — Beau meuble à deux corps ouvrant à quatre portes avec rangée de tiroirs en bois sculpté, décor à ornements et montants à cariatides. École lyonnaise. XVIe siècle.

125 — Grande et belle glace de Venise gravée, cadre à fronton très ornementé. XVIIIe siècle.

126 — Paravent à quatre feuilles en bois sculpté style gothique, panneaux en vieux cuir de Cordoue.

127 — Deux supports en bois sculpté.

Tentures, Tapis

128 — Décors de fenêtres et tentures en popeline de soie tissée d'or, dessin fleurdelisé.

129 — Très beau décor de porte en peluche bleu richement brodé au chiffre et aux armes d'Henri II.

130 — Tapis persan ancien fond rouge avec broderie de fleurs en soie et en fils métalliques.

131 — Tapis persan ancien à fond rose avec application de drap et broderies de métal, offrant au centre une corbeille de fleurs.

132 — Tapis persan ancien fond olive avec broderie en fils métallique et application de drap, dessin à arabesques et fleurs.

133 — Objets non catalogués.

www.ingramcontent.com/pod-product-compliance
Ingram Content Group UK Ltd.
Pitfield, Milton Keynes, MK11 3LW, UK
UKHW021037260726
13994UKWH00005B/2204